NOTICE

SUR LES

TRAVAUX ANTHROPOLOGIQUES

DE GRATIOLET

Lue dans la séance solennelle du 20 juin 1867

PAR

M. EDMOND ALIX

PARIS
TYPOGRAPHIE A. HENNUYER
7, RUE DU BOULEVARD, 7

1869

In the interest of creating a more extensive selection of rare historical book reprints, we have chosen to reproduce this title even though it may possibly have occasional imperfections such as missing and blurred pages, missing text, poor pictures, markings, dark backgrounds and other reproduction issues beyond our control. Because this work is culturally important, we have made it available as a part of our commitment to protecting, preserving and promoting the world's literature. Thank you for your understanding.

Mémoires de la Société d'Anthropologie . Tome II — Frontispice

PARIS. — TYP. E. MARTINET.

PIERRE GRATIOLET

Mort à Paris le 16 février 1865.

C.1225

NOTICE

SUR LES

TRAVAUX ANTHROPOLOGIQUES DE GRATIOLET

LUE DANS LA SÉANCE SOLENNELLE DU 20 JUIN 1867

PAR M. EDMOND ALIX.

MESSIEURS,

Lorsque notre savant secrétaire M. Dally nous a lu dans la séance solennelle de 1865 le compte rendu général des travaux de la Société, il a cru devoir s'abstenir d'analyser les œuvres de Gratiolet, et il a voulu m'en réserver la tâche, parce qu'il lui a semblé qu'après avoir été uni par les liens les plus intimes à notre illustre et regretté collègue, je devais être mieux préparé qu'un autre à traduire exactement sa pensée. Je ne saurais trop regretter cette détermination de M. Dally ; vous êtes habitués à entendre sa parole élégante et facile, vous connaissez son style harmonieux et brillant et le bonheur d'expression avec lequel il touche les nuances les plus délicates. Nul n'était plus capable, en vous parlant de Gratiolet, de s'élever et de se maintenir à la hauteur d'un tel sujet. Sachant bien que je chercherais vainement à fixer votre attention par de telles qualités, je me suis borné à un travail consciencieux et je serai suffisamment récompensé si vous considérez avec indulgence les efforts d'un homme de bonne volonté.

L'ordre à suivre dans cette exposition se trouve naturellement indiqué. C'est de vous rappeler d'abord les communications que Gratiolet vous a faites et la part qu'il a prise à vos discussions, pour vous parler ensuite de ceux de ses travaux qui ont plus particulièrement rapport à l'anthropologie.

Je n'ai pas entrepris de vous raconter la vie de notre collègue ; que pourrais-je ajouter à ce qui a été dit d'une manière si remarquable par notre secrétaire général M. Broca, et par nos collègues MM. Bert, Grandeau et Giraldès? que pourrais-je ajouter aux éloges que tant de journaux ont répétés en racontant au pays avec un cri de douleur la perte immense et imprévue que tout à coup il venait de faire? Mais, parmi les traits de la vie de Gratiolet, j'en voudrais rappeler un seul, parce qu'il nous montre avec évidence tout ce qu'il y avait dans son caractère de vraie grandeur, de délicatesse et de désintéressement. Au mois de juin 1848, Gratiolet était capitaine dans l'artillerie de la garde nationale, on le vit combattre au premier rang (1) parmi les défenseurs de la société menacée ; près de lui fut tué un préparateur du Muséum, son ami, l'excellent Biscar, dont plusieurs d'entre vous ont conservé le souvenir. Quelques jours après, le gouvernement distribue des croix aux combattants. D'une voix unanime, Gratiolet est désigné par ses camarades. Il refuse une décoration gagnée dans la guerre civile, et l'on sait qu'il n'a porté cette marque de distinction que dix années plus tard, après l'avoir reçue comme la récompense forcée de ses travaux scientifiques. Voilà bien l'homme qui n'a jamais transigé avec sa conscience.

Or, si nous rappelons nos souvenirs, ce n'est pas seulement dans le commerce de la vie que nous le voyons agir de cette manière, nous le trouvons encore le même lorsqu'il écrit, lorsqu'il discute, lorsqu'il enseigne.

On peut se demander pourquoi je tiens tellement à répéter avant tout que Gratiolet était un honnête homme. C'est que je veux établir qu'il cultivait la science pour la science, qu'il étudiait par amour de la vérité, que jamais aucune considération d'intérêt ne put l'empêcher de dire sa pensée ou l'engager à en altérer l'expression.

Il est certain que la création de la Société d'anthropologie est venue répondre à un des besoins les plus évidents de notre époque. Plus que jamais, dans le monde civilisé, l'homme cherche à se connaître. De toutes parts se tournent vers ce but les travaux des savants, des littérateurs et des philosophes.

(1) « Au milieu d'une de nos dernières émeutes, un groupe de soldats et de gardes nationaux engagé dans la rue Planche-Mibray demeure pendant quelques instants exposé à un feu meurtrier et plongeant de tous les côtés. L'un des combattants reçoit à l'épaule un coup léger d'une balle réfléchie par quelque corps environnant et n'y fait d'abord aucune attention. Mais le combat fini, un peu de douleur se faisant sentir dans le lieu contus, il a l'idée d'une blessure plus grave, et au même instant il sent sur la poitrine comme le passage d'une lame de sang coulant d'une blessure ; il le sent manifestement, et cependant la peau n'avait pas été entamée. » (*De la physionomie*, p. 286.) C'est de lui-même que Gratiolet parlait dans ce récit.

Vous avez compris que ces forces variées pouvaient se perdre dans l'isolement, et vous avez essayé de les rassembler en un faisceau. Ici, les opinions les plus opposées peuvent être exprimées librement et subir l'épreuve de la discussion ; les faits mis au grand jour sont consignés dans vos publications, et un musée qui s'enrichit sans cesse en réunit les preuves les plus palpables, pour les rendre évidentes à tous les yeux.

Gratiolet fut un des membres fondateurs de cette Société. Nul n'était mieux préparé que lui à y jouer un rôle actif et brillant. Ses travaux sur les plis cérébraux et sur l'anatomie comparée du système nerveux étaient publiés, son traité de la physionomie, quoique encore inédit, était terminé depuis plusieurs années. On se rappelait qu'il avait professé comme suppléant au Muséum d'histoire naturelle et au Collége de France, et qu'au Muséum il avait été présenté au second rang, pour la chaire d'anthropologie qu'il avait désirée, à défaut de cette chaire d'anatomie comparée qui fuyait toujours devant lui.

Gratiolet se présentait donc au milieu de vous comme zoologiste, comme anatomiste, comme physiologiste et comme philosophe. Il apportait à l'anthropologie le tribut de ses connaissances dans ces différentes branches de la science humaine.

Cette variété de connaissances est attestée par vos *Bulletins*, où nous le voyons intervenir dans la plupart de vos discussions. C'est ainsi que vous l'avez entendu prendre part à une discussion sur le dépérissement des races, soulevée par un rapport de M. Trélat (t. I, 1860, p. 297). Il pensait que, pour juger une question de ce genre, il faudrait tenir compte des causes physiques et des causes morales, mais se garder d'imaginer certaines causes occultes qui échappent à l'observation ; il ajoutait que, si l'on veut importer la civilisation dans certaines races barbares ou sauvages, c'est par les enfants qu'il faut commencer et non par les adultes.

Dans une discussion relative à la forme du crâne chez les Grecs (*ibid.*, p. 306), il vous rappelait avec Retzius, qu'il devait exister chez les anciens Grecs deux types crâniens, l'un brachycéphale, l'autre dolichocéphale, et que ces types sont attestés, le premier par les statues d'Hercule et de Jupiter, le second par celles de Vénus et d'Apollon.

Au sujet des déformations artificielles du crâne, il affirmait

. (*ibid.*, p. 555) que les races persistent indéfiniment dans leurs caractères primitifs, que les moyens mécaniques peuvent exagérer ou altérer certaines conformations, mais que la nature conserve ses droits et reprend le dessus dès qu'elle est libre. A propos d'un crâne déformé provenant du cimetière des Innocents (t. II, 1861, p. 580), il reconnaissait que la déformation n'était pas artificielle, et, s'appuyant sur l'étroitesse de la loge frontale faisant contraste avec l'ampleur de la loge cérébelleuse, il déclarait que c'était un crâne d'idiot.

Un rapport de M. Dally sur l'ethnologie de l'Abyssinie, où le ver solitaire est très-fréquent, lui donnait l'occasion de rappeler combien il serait utile d'étudier avec soin la forme des crochets qui garnissent la tête des cysticerques, afin de déterminer les espèces de ces entozoaires qui semblent varier avec les animaux qu'ils habitent (t. III, 1862, p. 7; t. VI, 1865, p. 106).

M. Delanoue ayant fait à la Société une communication sur les preuves géologiques de l'antiquité de l'homme, Gratiolet exposa l'opinion de M. Lartet à ce sujet (t. III, 1862, p. 89).

A propos des changements de coloration de la peau, il rappelait qu'il ne faut pas attacher trop d'importance à l'action des agents extérieurs ; qu'à côté des actions du climat et des mélanges, il y a aussi les modifications spontanées dues à l'état du système nerveux (t. IV, p. 102).

Dans une de ses dernières communications, mettant sous les yeux de la Société un crâne de gorille, un crâne de chimpanzé, et un crâne d'orang, il démontra que le front, ce signe caractéristique de l'homme, n'existe qu'en vestige chez l'orang, qu'il est encore plus amoindri chez le chimpanzé, et tout à fait nul chez le gorille (t. V, 1864, p. 653).

Enfin, dans la dernière séance à laquelle il assista, une communication de M. Schaaffhausen, *sur les rapports entre les singes anthropomorphes et l'homme*, devint pour lui l'occasion de rappeler certains faits importants de l'anatomie du cerveau, et de signaler une disposition nouvellement découverte dans les tendons de la main chez l'orang-outang (t. VI, 1865, p. 14).

Aujourd'hui que Gratiolet a laissé parmi nous une place vide, qui peut-être ne sera jamais remplie, combien ne devons-nous pas regretter qu'il n'ait pas pu prendre part à cette discussion sur l'intelligence des animaux comparée à celle de l'homme, qui pendant de nombreuses séances s'est emparée, à juste titre, de l'attention de la Société ! Que n'eût-il pas dit sur un sujet qui lui était si familier ! combien n'aurions-nous pas été heureux de l'entendre développer les paroles par lesquelles il terminait son mémoire sur la microcéphalie.

« Je crois pouvoir conclure des observations précédentes que l'homme est absolument distinct, par son organisation, des animaux les plus élevés, comme il l'est par son intelligence. Il a seul un langage essentiel, en raison de cette faculté d'abstraction qui lui est propre. L'animal, sans aucun doute l'orang, le chimpanzé, ont une idée des objets extérieurs, leur mémoire incontestable le prouve ; mais cette mémoire est essentiellement liée à celle de son objet. L'homme peut avoir l'idée d'une idée, et ainsi de suite, presqu'à l'infini ; en sorte que l'intelligence de la bête est comme un nombre simple, mais celle de l'homme est une puissance dont l'exposant toutefois est plus ou moins élevé, suivant le degré de perfection des individus et des races. »

Le mémoire auquel je fais allusion fut lu dans une des premières séances de la Société d'anthropologie. Il est intitulé : « Mémoire sur la microcéphalie considérée dans ses rapports avec la question des caractères du genre humain. »

Il est court, mais plein de faits et d'idées. Les six pages dont il se compose pourraient être ainsi résumées :

Chez les microcéphales observés par Gratiolet, le crâne, dont la voûte était entièrement ossifiée, tandis que la base ne l'était encore que d'une manière incomplète, était très-réduit dans sa partie supérieure, dans ses parties frontale et épactale, dont le peu d'étendue contrastait avec l'énorme développement de la loge cérébelleuse et avec l'allongement des arcs inférieurs des vertèbres crâniennes (os ptérygoïdiens, palatins, vomer, intermaxillaires). La mâchoire supérieure dépassait la mâchoire inférieure, et, comme celle-ci avait conservé ses dimensions normales, les dents incisives ne se correspondaient plus.

Si l'on examinait les centres nerveux, on remarquait tout d'abord l'énorme développement du cervelet que le cerveau ne recouvrait plus.

Mais le fait le plus important se trouve dans la disposition des plis cérébraux. Cette disposition, sur laquelle nous reviendrons plus loin, permet d'affirmer que les cerveaux des microcéphales, moins volumineux souvent et moins plissés que ceux de l'orang ou du chimpanzé, ne leur deviennent pas semblables.

Les microcéphales conservent donc les caractères naturels de l'homme. Ils gardent aussi ses caractères intellectuels, ils parlent et pourtant leur cerveau, si l'on ne tenait compte que du nombre de circonvolutions et si l'on négligeait leur forme, pourrait sembler inférieur à celui d'un gorille ou d'un orang.

Cette étude permet en outre d'affirmer que la microcéphalie devance la naissance et qu'elle est contemporaine au moins du septième mois. « Il est probable, dit Gratiolet, que cet état dépend de quelque cause initiale. Sous l'influence d'une *asthéniogénie primordiale*, des formes se reproduisent, qui diffèrent de tous les états normaux; d'ailleurs, chez l'enfant nouveau-né normal, le système des plis cérébraux est complet dans toutes ses parties. Si la microcéphalie était postérieure à la naissance, l'ensemble de ces plis persisterait, et le volume du cerveau serait seul considéré; mais il n'en est pas ainsi; le mouvement a langui dès l'origine, la courbe s'est raccourcie, elle s'est terminée prématurément et loin du but normal. »

La proclivité de la face donne lieu à une autre remarque, dont tout le monde appréciera l'intérêt.

« Cette proclivité incomplète et monstrueuse de la face, dit l'auteur du mémoire, diffère de la proclivité naturelle qui constitue le prognathisme. Chez les Makauos, race de l'Afrique australe, dont le museau saillant rappelle immédiatement la physionomie des gorilles et des papions, la mâchoire inférieure ne cesse pas de correspondre parfaitement à la supérieure, ce qui prouve qu'ici la proclivité est normale et ne dépend pas d'une dégradation accidentelle. Je pense que ce fait ajoute un argument de plus à ceux qu'invoquent les partisans de la pluralité des espèces dans le genre humain. » Nous n'insisterons pas sur ce point en ce moment, nous trouverons tout à l'heure l'occasion d'y revenir.

Le mémoire sur la microcéphalie fut bientôt suivi d'un autre intitulé : *Description d'un crâne de Mexicain totonaque des environs d'Orizaba*. Vous vous rappelez que ce crâne avait été donné à Gratiolet par M. Lucien Biart, et qu'il provenait d'un jeune homme que M. Biart avait vu mourir. Ce crâne moderne était remarquable surtout par la réduction de la région frontale et de la région occipitale et par la prédominance de la région pariétale. Il suffisait d'exagérer cette forme pour avoir celle des crânes déformés de l'île de Sacrificios. Gratiolet en concluait que les déformations artificielles avaient généralement pour but de dessiner d'une manière plus apparente les caractères naturels de la race.

Ces deux mémoires ne donnèrent lieu à aucune discussion. Mais dans le mémoire sur le crâne d'un Totonaque, notre collègue n'avait exprimé qu'une partie des idées qu'il désirait développer devant la Société. Aussi ne tarda-t-il pas à faire une communication intitulée, dans les bulletins :

« Communication sur la forme de la cavité crânienne d'un Totonaque, avec réflexions sur la signification du volume de l'encéphale. »

Ayant fait mouler l'intérieur du crâne du Totonaque, Gratiolet montrait sur ce moule l'empreinte des circonvolutions, caractère évident d'infériorité, puisqu'il prouve que, ces saillies étant moins serrées les unes contre les autres, les productions osseuses du crâne peuvent pénétrer dans leurs intervalles. Cependant, ce cerveau, inférieur au point de vue de la complication des plis cérébraux, n'en offrait pas moins, dans sa totalité, un volume remarquable. De là cette conclusion que la masse du cerveau est moins importante à considérer que sa forme. Cette proposition avait déjà été exprimée dans l'*Anatomie comparée du système nerveux* (p. 106) d'une manière assez énergique :

« Pauvres gens, s'écrie Gratiolet, qui, s'ils le pouvaient, pèseraient dans leur balance Paris et Londres, Vienne et Constantinople, Pétersbourg et Berlin, et, d'une égalité de poids, si elle existait, conclueraient à la similitude des langues, des caractères et des industries ! »

La critique était juste, si on l'appliquait aux pesages faits jusqu'alors, et aux procédés imparfaits qui avaient été employés.

Mais était-ce une raison pour rejeter d'une manière absolue la méthode des pesées et des mensurations ? ne devait-on pas, au contraire, chercher à perfectionner ces méthodes ? Il est certain que Gratiolet avait peu de tendance à s'engager dans cette voie : on peut dire que, s'il s'était adonné aux mathématiques, il eût été géomètre bien plus qu'arithméticien. Il devait nécessairement trouver un contradicteur dans notre secrétaire général M. Broca, qui venait d'inventer le crâniographe et qui cherchait des procédés nouveaux pour apprécier la capacité du crâne. Les assertions de Gratiolet contrariaient d'ailleurs d'autres opinions, et particulièrement celles qui ont rapport à la phrénologie.

De là une lutte des plus vives à laquelle prirent part MM. Auburtin, Broca, Périer, de Jouvencel. Il dut répondre à tous ; mais l'attaque la plus énergique fut dirigée par M. Broca. Vous vous rappelez cette joute brillante où les champions, après des coups portés et reçus de la meilleure grâce, finirent par se saluer avec une égale courtoisie, en avouant qu'ils pouvaient être d'accord, à la condition de ne rien exagérer.

Je ne puis ici m'empêcher de faire une remarque sur la manière dont M. Broca, tout en combattant Gratiolet, faisait valoir ses beaux travaux ; il tenait d'une main le fer pour frapper, et de l'autre le baume à mettre sur la blessure, et, je dois le dire, si je voulais trouver un éloge impartial et un juste panégyrique de Gratiolet, je le chercherais dans l'argumentation de son noble adversaire.

D'autres incidents signalèrent cette discussion. Pressé sur la question des localisations, Gratiolet avoua qu'il ne rejetait pas, d'une manière absolue, la pensée de distinguer plusieurs départements dans le cerveau, quoiqu'il ne pût admettre les résultats des essais que l'on avait tentés jusqu'alors pour déterminer les rôles de ces différentes régions.

Une de ses affirmations trouva aussi des contradicteurs. Un homme peut-il être attentif à plusieurs objets à la fois? Je ne discuterai pas en ce moment cette question. Je constaterai seulement qu'ici Gratiolet nous a fait une confidence précieuse. Il ne se sentait pas capable d'appliquer à plusieurs objets à la fois cette force d'attention qui lui était nécessaire dans le travail. « Cette faculté d'attention, comme il le dit dans un de ses ouvrages (1), sans laquelle tout est changement, désordre et fermentation maladive dans l'esprit. » Disons que souvent, dans ses écrits comme dans ses discours, il se peignait lui-même, et que, dans ses études psychologiques, c'était en lui qu'il cherchait le sujet principal de ses observations, en sorte que ses œuvres, considérées à ce point de vue particulier, offrent l'intérêt d'une biographie.

(1) *Anatomie comparée du système nerveux*, p. 683.

Un étranger, introduit brusquement dans le sein de la société d'anthropologie, se fût demandé quel était cet homme qui soutenait de telles discussions. Son étonnement aurait cessé en apprenant que c'était l'auteur de deux ouvrages sur le système nerveux, que l'on doit compter parmi les plus remarquables de ceux qui ont été composés sur cette matière : Le *Mémoire sur les plis cérébraux de l'homme et des primates;* l'*Anatomie comparée du système nerveux considéré dans ses rapports avec l'intelligence.*

Le *Mémoire sur les plis cérébraux* fut publié en 1854, mais il datait en réalité de l'année 1845 ; dès cette époque, la conception était acquise. Gratiolet, suppléant Blainville pour la première fois, venait de faire au Muséum un cours sur le système nerveux ; il avait décrit les circonvolutions humaines suivant la manière adoptée par Foville. Il n'était pas satisfait. Il reprit la question en partant, suivant l'idée proposée par Blainville, des animaux pour remonter à l'homme. Mais, du premier abord, une chose devint évidente, c'est que, chez les animaux étrangers à l'ordre des primates, la disposition des plis diffère entièrement de ce qu'elle est chez ceux-ci, et que, sous ce rapport, les types sont tout à fait différents. Par là, il est arrivé à cette conclusion que les makis, que l'on réunissait aux singes sous le nom de *quadrumanes,* devaient en être séparés, et ne pouvaient pas être rangés parmi les primates. Au contraire, le type des primates se retrouve exactement chez l'homme.

Donc, sous le rapport du cerveau, l'homme doit être rangé dans un même groupe avec les primates. Mais, en poussant plus loin l'analyse, on voit qu'il s'en distingue tout à fait non-seulement par la complication, mais par la forme même des circonvolutions, et que, dans un même type idéal, il réalise une forme entièrement distincte.

Ces divers résultats devaient être confirmés plus tard par l'étude de la structure intime du cerveau.

Exposons en peu de mots le plan suivant lequel sont disposés les plis de la face externe du cerveau.

La scissure de Sylvius les sépare en deux groupes : l'un situé au-dessus, l'autre situé au-dessous de la scissure. Le groupe supérieur comprend deux lobes, le frontal et le pariétal. Le lobe frontal se subdivise en deux lobules : l'un, situé à la face inférieure du cerveau, recouvre l'orbite, c'est le lobule sus-orbitaire ; l'autre, visible sur la face externe, est le lobule frontal proprement dit; il se compose de trois étages : l'étage inférieur comprend une seule circonvolution ; l'étage moyen, une seule également ; l'étage supérieur, une chez les singes, deux chez l'homme. Ces divers plis se détachent comme des branches d'un long pli ascendant, qui borde d'abord la scissure de Sylvius, et la quitte ensuite pour former la lèvre antérieure du sillon de Rolando (1).

Le lobe pariétal est séparé du lobe frontal par le sillon de Rolando. Il se compose de trois plis chez l'homme, deux plis ascendants, et le pli courbe. Ce dernier, ainsi nommé parce que, chez le callitriche, il entoure le sommet de la scissure de Sylvius en décrivant une demi-circonférence, n'occupe chez l'homme que la moitié postérieure de cette demi-circonférence.

Au-dessous de la scissure de Sylvius se trouvent le lobe temporo-sphénoïdal et le lobe occipital. Le lobe temporo-sphénoïdal comprend trois plis parallèles à la scissure de Sylvius, savoir : le pli marginal inférieur, séparé du suivant par la scissure parallèle; le pli temporal moyen continu avec l'extrémité inférieure du pli courbe ; le pli temporal inférieur.

Le lobe occipital, beaucoup plus réduit dans l'homme que dans les singes, n'offre chez lui que des plis irréguliers qui échappent à la description. Chez les singes, où il est souvent lisse, il se prolonge en avant en une sorte d'opercule séparé du lobe pariétal par un sillon qui est la scissure perpendiculaire. Cet opercule, considérable chez les macaques, les gorilles et les chimpanzés, est très-réduit chez les orangs, et nul chez l'homme.

Le lobe occipital est relié au lobe temporo-sphénoïdal par deux plis longitudinaux, qui sont les plis de passage inférieurs.

Il est relié au lobe pariétal par deux autres plis, très-importants à considérer, qui sont les deux plis de passage supérieurs. Chez l'homme, ces deux plis sont constamment à découvert. Dans les guenons, les semnopithèques et les orangs, le pli su-

(1) Dans le *Mémoire sur les plis cérébraux*, Gratiolet n'a pas attaché la même importance au sillon de Rolando; mais dans l'*Anatomie comparée du système nerveux*, il a décidément adopté la manière de voir que nous exposons ici. (Voir *Mémoires sur les plis cérébraux*, p. 26.)

périeur est à découvert, mais le second est caché sous l'opercule. Chez les cynocéphales, les macaques, les gorilles et les chimpanzés, le pli supérieur de passage manque, et le second est recouvert par l'opercule. Différences remarquables qui montrent combien il était utile d'étudier en détail la disposition des plis cérébraux.

C'est ainsi qu'en peu de mots on peut décrire avec exactitude les circonvolutions de la face externe du cerveau. Nous n'insisterons pas ici sur la face interne.

Il est difficile de réduire cette description à une expression plus simple; cependant, si cela était possible, nous n'hésiterions pas à adopter une nouvelle description. Mais nous nous demandons s'il est utile de substituer aux dénominations si heureusement trouvées par Gratiolet de simples numéros d'ordre. Car, en se réduisant à des chiffres, on se prive de ces images précises qui gravent si bien les faits dans la mémoire.

La description des plis cérébraux n'est pas le seul résultat que renferme ce travail. Nous avons à en signaler deux principaux, qui sont de la plus grande importance.

L'état du cerveau dans le fœtus humain faisait voir que la forme typique se montrait d'abord à l'état le plus simple, puis se compliquait de plus en plus en approchant de la naissance. Le cerveau humain commençait-il donc par être un cerveau de singe? L'observation répondait non. Car chez les singes adultes de l'ancien continent, chez les macaques, les papions, et, à plus forte raison, les anthropoïdes, il existe des circonvolutions qui ne se voient pas dans le fœtus humain, en sorte que c'est chez l'homme adulte seulement que le type complet se réalise.

Mais si l'on faisait porter l'observation sur toute la série des singes, depuis le saïmiri, dont le cerveau est presque lisse, jusqu'à l'orang, on verrait peut-être, dans cette série, la reproduction successive des formes de l'embryon humain, s'il était vrai, comme certaines théories le prétendent, que cet embryon passe successivement par diverses phases où il affecterait les formes des espèces inférieures? Il n'en est rien. Dans l'embryon humain, le plissement commence d'abord sur le lobe frontal; dans la série des singes, le premier sillon qui se montre est la scissure parallèle qui divise le lobe temporo-sphénoïdal. Ainsi jamais, à aucune époque de son développement, l'embryon humain ne reproduit l'état d'un singe adulte quelconque.

En est-il de même si l'on étudie les embryons des singes ? Pour les singes inférieurs, la chose est évidente. Chez le saïmiri, par exemple, qui n'offre à peu de chose près que la scissure parallèle, il est clair que c'est par cette scissure que commence le plissement, et ainsi de suite. Mais, chez les singes où les circonvolutions sont plus nombreuses, en est-il de même ? L'ordre d'apparition des circonvolutions est-il encore inverse de ce qu'on voit chez l'homme ? L'observation n'a encore été faite ni sur l'orang, ni sur le chimpanzé, ni sur le gorille. Nous devons l'avouer, et nous reconnaissons ici la justesse d'une objection qui a été faite par notre cher collègue M. Bertillon ; nous attendrons les faits pour décider. Cependant, chose remarquable, Gratiolet a eu entre les mains le cerveau d'un fœtus de gibbon, singe éminemment supérieur, et tellement rapproché de l'orang, que des naturalistes très-compétents l'ont rangé parmi les anthropoïdes. M. Huxley, par exemple, n'hésite pas sur ce point. Eh bien, c'est sur le cerveau d'un fœtus de gibbon que Gratiolet a vu les circonvolutions du lobe temporo-sphénoïdal déjà développées lorsqu'il n'existait pas encore de plis sur le lobe frontal. Il était donc bien autorisé à dire que chez l'homme les circonvolutions apparaissent d'α en ω, tandis que chez les singes elles se développent d'ω en α.

Ce qui devait le confirmer encore plus dans cette idée, ce sont les conséquences remarquables qu'il en tira dans l'étude du cerveau des microcéphales.

Ce cerveau, personne ne le conteste, est arrêté dans son développement. Or il présente des circonvolutions sur le lobe frontal, tandis que le lobe temporo-sphénoïdal est presque lisse. Il conserve donc le caractère humain, et rien ne le rapproche de celui d'un singe.

Une autre application des recherches de Gratiolet sur les plis cérébraux a eu pour objet l'étude du cerveau de la Vénus hottentote. Sur ce cerveau, bien pauvre en circonvolutions, le caractère humain persiste : on y voit nettement à découvert les deux plis de passage supérieurs. Rien donc, malgré l'infériorité de la réalisation, ne le rapproche de celui d'un singe. Mais, d'un autre côté, ce cerveau, comparé à celui d'un homme blanc, serait tout au plus le cerveau d'un idiot. Ce minimum de réalisation, insuffisant dans la race blanche, suffit dans la race hottentote pour les manifestations intellectuelles. Une seule conclusion pouvait être tirée de ce fait, c'est qu'il est favorable à la théorie de la pluralité des espèces dans le genre humain. Nous avons déjà rappelé que, dans le mémoire sur la microcéphalie, une conclusion semblable avait été tirée de la proclivité de la face. Ajoutons immédiatement que l'étude de la forme du crâne et celle de l'ordre successif d'ossification des sutures crâniennes ont fourni à Gratiolet des arguments qui parlaient dans le même sens, et qu'il n'en a rien dissimulé, quelque contrariété que cela pût apporter à certaines de ses convictions les plus intimes.

Parlons maintenant de l'*Anatomie comparée du système nerveux, considéré dans ses rapports avec l'intelligence* (1).

Malgré tout le talent avec lequel est écrit ce livre, que l'on peut à juste titre qualifier de chef-d'œuvre, il ne faut pas s'attendre cependant à en saisir tous les détails immédiatement et sans travail. C'est ainsi qu'un apprenti mathématicien prétendrait vainement lire à première vue un traité de géométrie descriptive.

Il est nécessaire de lire cet ouvrage plusieurs fois avec la plus grande attention, d'étudier scrupuleusement les figures et de les graver dans sa mémoire. Alors la lumière se fait dans votre esprit comme dans celui de l'auteur, et, en parcourant de nouveau ces pages dont vous ne pouvez plus vous détacher, vous vous demandez comment il est possible d'écrire avec tant de charme sur un sujet aussi aride.

L'analyse rapide que je vais faire de cet ouvrage n'en pourra donner qu'une très-faible idée; il y a des livres qu'il est impossible de résumer. Aussi me bornerai-je à indiquer les points qui semblent être les plus importants sous le rapport des études anthroplogiques.

On savait que la région lombaire de la moelle épinière pré-

(1) Ce livre forme le second volume de l'ouvrage que Leuret avait entrepris sous ce titre, et qu'il a laissé inachevé. L'éditeur désirant satisfaire ses souscripteurs, auxquels il avait promis deux volumes, pria Gratiolet de se charger de ce complément. Mais ce serait une erreur de croire que ce second volume ait été composé avec des matériaux laissés par Leuret. Il est tout entier l'œuvre de Gratiolet : les faits qu'il contient sont les résultats de ses recherches, et les idées le fruit de ses méditations.

sente un renflement considérable, que la moelle s'atténue à la région dorsale, et qu'elle se renfle de nouveau à la région cervicale, pour s'atténuer encore en approchant du crâne. Des observations faites sur des moelles fraîches d'animaux ont démontré à Gratiolet que les éléments des régions renflées de la moelle s'épuisent en partie en approchant du cerveau. Il résulte de là qu'il n'y a qu'une partie seulement de leurs éléments qui puisse être en relation avec l'encéphale. Il est, par conséquent, impossible d'expliquer les relations des centres nerveux par la continuité des fibres, et il faut chercher une autre explication. Cette explication découle comme un corollaire d'une des plus belles découvertes de Gratiolet.

D'habiles observateurs avaient signalé l'existence des cellules de la moelle. Gratiolet démontra que, d'une part, ces cellules sont en connexion avec les nerfs périphériques, et que, d'autre part, elles communiquent les unes avec les autres par des filaments particuliers. Ainsi, les centres nerveux forment un vaste réseau dont toutes les parties sont reliées entre elles. Mais si toutes ces parties sont réellement en relation avec l'encéphale, ce n'est pas élément à élément, c'est par groupes d'éléments que cette relation a lieu. Le cerveau commande donc aux membres et au tronc, à la manière d'un cocher qui dirige tout un attelage avec les deux rênes qu'il a dans sa main.

Cette découverte, malgré toute son importance, n'est pourtant qu'un épisode dans le travail que poursuivait Gratiolet. Ce qu'il cherchait, et ce qu'il est parvenu à éclairer d'une manière admirable, c'est la transformation que subit la moelle dans sa partie céphalique.

Disons immédiatement le résultat de ces recherches. La conception principale, dominatrice, est celle-ci : *L'extrémité céphalique de la moelle s'enroule autour d'un axe horizontal; en même temps elle subit une énorme amplification* (1).

Cette partie enroulée de la moelle forme le noyau de l'encéphale, et il est facile de retrouver dans ce noyau toutes les parties constituantes de la moelle épinière. La commissure blanche est représentée par le corps calleux; les cordons longitudinaux de la commissure par la voûte à trois piliers; le ventricule de

(1) Cette idée se trouve en germe dans les écrits de Willis; elle avait aussi frappé l'esprit ingénieux de Gerdy.

la moelle par le quatrième ventricule flanqué de deux larges diverticulum, qui sont les ventricules latéraux. La commissure grise de la moelle est représentée par la commissure grise qui réunit les couches optiques ; celles-ci représentent les cornes postérieures des axes gris et les cornes antérieures de ces axes se retrouvent dans les corps striés.

Autour de ce noyau se développent les hémisphères. Ceux-ci se composent, comme on le sait, d'une lame plus ou moins épaisse de substance grise enveloppant une masse de substance blanche désignée sous le nom de *centre oval de Vieussens*. Ce centre oval a été, de la part de Gratiolet, l'objet d'une analyse merveilleuse.

Il y a démontré l'existence de six ordres de fibres qui sont :

1° Des fibres propres, passant sous les couches corticales, et formant des commissures (commissures propres) entre les diverses circonvolutions d'un même hémisphère ;

2° Des fibres allant d'un hémisphère à l'autre, par le moyen de la commissure antérieure ;

3° Des fibres qui, nées de la couronne de Reil (c'est-à-dire du rayonnement des pédoncules), vont s'irradier dans tout l'hémisphère du même côté que le pédoncule.

4° Des fibres qui, du corps calleux, vont dans tous les plis des hémisphères. Ces fibres vont d'un pédoncule à l'hémisphère du côté opposé, et s'entre-croisent sur la ligne médiane avec des fibres venant de l'autre pédoncule ;

5° Des irradiations nées des nerfs de sensations spéciales ;

6° Des irradiations nées des ganglions accessoires, tels que les tubercules quadrijumeaux, les corps genouillés, internes et le cervelet.

Nous avons entendu parler de ces recherches comme d'une œuvre de patience. Mais, à nos yeux, ce serait bien peu s'il n'y avait là que le résultat d'une habileté manuelle. Ce que nous admirons ici, c'est la persévérance à poursuivre une idée, c'est la puissance d'analyse, c'est la force de l'intelligence qui dirige l'œil et la main. En voyant Gratiolet dégager ainsi les divers éléments d'un problème et l'examiner sur toutes ses faces, on ne peut s'empêcher de songer à l'influence qu'exerçaient sur lui les relations intimes qu'il entretenait avec un illustre professeur que cette méthode a conduit à une foule de découvertes importantes, je veux parler de M. Chevreul.

Il nous est impossible d'insister sur tous les détails que réclame le développement d'un tel sujet, ce serait le livre entier qu'il faudrait reproduire. Nous devons cependant nous arrêter un moment sur les irradiations nées des nerfs de sensations spéciales.

Nous allons ici rappeler une des plus belles découvertes de Gratiolet. Il a démontré que, chez l'homme et les primates, le nerf optique rayonne presque tout entier dans les hémisphères, et ne donne qu'une faible division aux tubercules quadrijumeaux antérieurs; que, dans les autres monodelphes, il va presque tout entier dans les tubercules quadrijumeaux, n'envoyant au cerveau qu'une très-faible expansion, et enfin que, dans les didelphes, il n'envoie rien au cerveau.

Ce fait doit être rapproché du suivant : chez l'homme et les primates, qui n'ont que des lobes olfactifs très-réduits, on ne découvre pas de relations entre la commissure antérieure et ces lobes. Chez les autres mammifères, au contraire, ces lobes reçoivent presque toute l'expansion de cette commissure.

Ainsi, chez les uns, le cerveau est plus particulièrement en rapport avec les conducteurs des sensations visuelles; chez les autres, la perception dominante est celle qui a trait aux sensations du goût et de l'odorat, distinction formulée par les deux expressions de *cerveaux optiques* et de *cerveaux olfactifs*. Les premiers sont faits pour les images, les seconds pour les appétits (1).

Les découvertes dont nous venons de parler ont amené forcément Gratiolet à modifier une des conceptions de son maître. Comme Blainville, Gratiolet considère le cerveau comme un ganglion surajouté à l'axe. Mais, d'autre part, Blainville regardait le cerveau comme un *ganglion sans appareil extérieur*. L'existence des expansions du nerf optique ne permet pas de conserver cette idée.

« Suivant cet habile auteur, dit Gratiolet (p. 217), l'automate était parfait, indépendamment de ces ganglions; ceux-ci étaient surajoutés, et n'apparaissaient que pour le gouverner

---

(1) Gratiolet a suivi jusqu'à la base du lobe olfactif un faisceau de fibres appartenant à la racine de la cinquième paire, et il a désigné ce faisceau sous le nom de *racine gustative*. Il n'a pas eu le même bonheur pour le nerf acoustique, qu'il n'a pas suivi au delà de la couche optique.

Ce serait ici le lieu de parler du travail que Gratiolet a publié sur l'*Organe de Jacobson*, si nous ne nous étions pas abstenus, dans cette notice, de citer ceux de ses ouvrages qui ont plus particulièrement trait à l'anatomie des animaux.

en établissant son rapport avec l'intelligence. Cette doctrine était bien conçue; malheureusement elle n'avait aucune réalité. Nos recherches semblent établir, au contraire, que l'animal est d'autant plus élevé que ce rapport entre les ganglions surajoutés et les organes des sens supérieurs est plus étendu, et surtout plus immédiat. »

Le cervelet a aussi attiré particulièrement l'attention de Gratiolet et il a tiré de l'étude de cette partie de l'encéphale des données précieuses pour la comparaison de l'homme avec les animaux.

On avait avant lui essayé de distinguer dans le cervelet différentes parties auxquelles on avait donné des noms, mais il lui appartient d'avoir distingué dans cet organe plusieurs régions distinctes et parfaitement caractérisées.

Il distingue dans la masse du cervelet un *cervelet médian* et deux *cervelets latéraux*; le cervelet médian se prolonge à sa partie postérieure en un appendice qui est le *vermis médian*; chaque cervelet latéral se prolonge en un appendice qui est un *vermis latéral*. Si l'on considère l'ensemble des mammifères, on trouve que le corps des cervelets est toujours en raison inverse de leur vermis, et que les vermis sont en général en raison directe les uns des autres. Ainsi chez l'homme et les singes anthropoïdes, le développement du cervelet porte principalement sur le corps du cervelet médian et surtout sur le corps des cervelets latéraux ; le vermis médian est médiocre et les vermis latéraux sont réduits à de petits lobules que l'on désigne sous le nom de *touffes*. Au contraire, dans les carnassiers, les ruminants, les pachydermes et les rongeurs, ce sont généralement les vermis qui l'emportent par leur développement (p. 88 et suiv.).

L'étude de la structure du cervelet donne lieu à une remarque qui n'a pas moins d'importance (p. 15 et suiv.). La protubérance annulaire est formée de deux plans : un plan profond, supérieur aux pyramides, un plan superficiel qui passe au-dessous d'elles. Les fibres du plan profond s'épanouissent dans les parties latérales du corps du cervelet antérieur. Les fibres du plan superficiel s'épanouissent de chaque côté dans le corps du cervelet latéral. D'autre part, en considérant l'ensemble des mammifères, on trouve que le développement de la protubérance et celui du bulbe sont en raison inverse l'un de l'autre, et qu'au contraire, le développement de la protubérance est en raison directe de celui du cerveau.

Or, puisque les parties latérales du cervelet antérieur et les cervelets latéraux correspondent aux deux plans de la protubérance, il en résulte un rapport direct entre le développement des parties latérales du cervelet antérieur et des cervelets latéraux, et celui des hémisphères cérébraux. Il est donc permis de considérer cette partie du cervelet comme le *cervelet du cerveau*. Les parties médianes du cervelet antérieur, le vermis médian et les vermis latéraux étant au contraire en rapport avec le développement du bulbe et des corps restiformes, il est permis de considérer ces parties comme les *cervelets de la moelle épinière*.

Si nous parlons maintenant du cervelet au point de vue histologique, nous dirons que c'est à Gratiolet qu'il appartient d'avoir indiqué le premier que la couche superficielle de l'écorce cérébelleuse est formée par des bâtonnets semblables à ceux de la rétine.

Pardonnez-moi, messieurs, l'étendue de cette analyse; malgré tous mes efforts, je n'ai pu réussir à la rendre plus courte. Ce livre est rempli de détails, et comme chacun de ces détails est une découverte, il n'est pas permis de les omettre.

Y a-t-il une relation constante entre certains points de la surface des hémisphères et le crâne?

Une seule chose pourrait être affirmée, c'est que la limite postérieure du lobe frontal correspond à peu près à la suture fronto-pariétale. En employant le mot *à peu près*, Gratiolet semblait prévoir que, dans des recherches subséquentes, M. Broca trouverait que, chez l'homme, le lobe frontal envahissant encore plus la boîte crânienne, la limite se trouverait le plus souvent en arrière de la suture. Sauf ce seul fait, on peut affirmer qu'il n'y a aucun rapport nécessaire entre les différentes régions du crâne et celles du cerveau. Par exemple, chez les singes, où le lobe occipital est si grand, la loge occipitale est excessivement réduite, tandis qu'elle est considérable dans l'homme, qui n'a qu'un lobe occipital très-petit. Chez l'homme, la loge occipitale est nécessairement envahie par le lobe pariétal.

Dans quel ordre doit-on classer les paires de nerfs crâniennes?

Voici comment Gratiolet répondait à cette question. Il compte dans le crâne quatre segments vertébraux et trois trous de conjugaison. Chaque trou de conjugaison correspond à un nerf de sensation spéciale ; au trou antérieur, l'olfactif; au suivant, l'optique; au postérieur, l'acoustique. D'autres filets nerveux émergent en même temps par ces trous. Il les met en série de la manière suivante : au trou de conjugaison postérieur correspondent pour le mouvement, l'hypoglosse, le spinal, le facial, le crotaphito-buccinateur; pour le sentiment, le glosso-pharyngien, le pneumo-gastrique, la branche maxillaire inférieure du trijumeau. Au trou de conjugaison moyen, pour le mouvement, le pathétique, le moteur oculaire externe, le moteur oculaire commun; pour le sentiment, le maxillaire supérieur, la branche ophthalmique du trijumeau. Au trou de conjugaison antérieur, pour le sentiment, le filet ethmoïdal du rameau nasal de l'ophthalmique.

Par rapport à leur origine, il classe les filets moteurs en deux séries, savoir: une série normale composée de l'hypoglosse, du moteur oculaire externe et du moteur oculaire commun (ces nerfs forment, avec les racines antérieures des nerfs rachidiens, une série normale intermédiaire aux faisceaux antérieurs et aux faisceaux moyens), et une série exceptionnelle (intermédiaire aux faisceaux moyens proprement dits et à leurs funicules accessoires) composée du spinal, du facial, du pathétique et du crotaphito-buccinateur.

Les nerfs du sentiment forment également deux séries: une série normale composée du nerf trijumeau, et une série exceptionnelle comprenant le glosso-pharyngien et le pneumo-gastrique.

Cette manière de mettre en série des choses analogues a été grandement utilisée par Gratiolet, il en a tiré un grand parti pour la description du système musculaire.

Il nous resterait à parler des fonctions des diverses parties de la moelle et de l'encéphale. On sait que Gratiolet ne se livrait pas aux vivisections; il est donc impossible de lui attribuer aucune découverte physiologique résultant de l'observation directe. C'est uniquement par l'analyse des conditions anatomiques des organes que ses travaux pourront influer sur ceux des physiologistes en leur permettant d'acquérir plus de certitude et de précision.

Nous rappellerons seulement que son opinion sur le rôle des hémisphères a été formulée de la manière suivante :

« Les hémisphères cérébraux sont le siége et l'organe immédiat de l'intelligence, en tant qu'elle perçoit, se souvient, juge, compare et se détermine à certaines volontés.

« La grandeur du cerveau ne doit pas être appréciée comme on le fait en général, relativement au volume du corps, mais relativement au volume du noyau de l'encéphale, du bulbe, de la moelle et du système nerveux périphérique. En effet, et toutes les expériences le prouvent, c'est la moelle et non le cerveau qui anime le corps, mais le cerveau commande à la moelle.

« Plus la moelle et le noyau de l'encéphale sont grands, eu égard au cerveau proprement dit, et plus, quel que soit d'ailleurs le volume du corps, l'automate gouverne l'intelligence. Réciproquement, un grand cerveau commande plus aisément à une petite moelle. »

Arrêtons-nous ici pour ce qui concerne la description des centres nerveux.

En ce qui regarde les enveloppes du cerveau et principalement son enveloppe osseuse, le crâne, il nous suffira de rappeler qu'il appartient à Gratiolet d'avoir classé d'après la forme du crâne les races humaines en races frontales, pariétales et occipitales, en raison de la vertèbre prédominante et qu'il lui appartient aussi d'avoir reconnu que, dans les races inférieures, ce sont les sutures fronto-pariétales qui s'ossifient les premières, tandis qu'on observe l'inverse dans les races supérieures.

Nous n'avons encore parlé que de la première partie du livre que nous analysons. La seconde partie est consacrée à l'étude de l'intelligence.

Le premier chapitre est intitulé : *De l'âme*.

Je ne chercherai pas en ce moment à combattre l'opinion qui prétend qu'il n'est pas scientifique de parler de l'âme, ou du moins qu'il n'y a pas lieu d'en parler dans une science d'observation. Pour traiter un tel sujet, il me faudrait l'éloquence de Gratiolet ; jamais son absence ne m'est plus sensible que lorsque je me trouve en présence de ces grandes questions, et je dois alors m'avouer qu'une des choses qui m'attachaient le plus à lui, c'était d'entendre sans cesse l'idée que je cherchais exprimée dans un langage auquel je ne pouvais atteindre.

Lorsque s'isolant du monde et du reste de son corps, il était seul avec son cerveau, il ne pouvait se persuader qu'un amas de fibres et de cellules, quelque admirable disposition qu'il y découvrît, fût ce qui pensait en lui. Ce qui pensait c'était l'âme. C'est pourquoi, sans chercher à dévoiler sa nature, il définit l'âme par son plus noble attribut, en disant :

« L'âme est ce qui pense dans l'homme. »

Puis il ajoute :

« Dans l'état présent de l'homme et du monde, l'âme ne fait rien sans un certain corps auquel elle est unie. Nous sentons par l'intermédiaire de ce corps, nous agissons par lui. Ces impressions que l'âme reçoit du corps modifié seront désignées par nous sous deux noms différents. En tant qu'elles éveillent naturellement dans l'âme certaines idées du monde extérieur, ce sont des *sensations* ; mais en tant que ces idées représentent seulement le corps qui lui est uni, ce sont des *sentiments*. »

Et plus loin :

« Les sensations et les sentiments supposent une certaine intervention du corps, et il en est de même de la mémoire. Les maladies le prouvent assez. Ainsi l'âme sent par le corps et se souvient par lui ; mais, dans les deux cas, c'est toujours l'âme qui sent et se souvient. »

Dans l'impossibilité où nous sommes de reproduire ici dans tous ses détails le chapitre des *sensations*, nous insisterons seulement sur quelques points.

Or, voici le fait dominateur auquel Gratiolet rattachait tous les autres. L'âme et le corps étant liés l'un à l'autre, il cherche à connaître l'influence de l'âme sur le corps, et, réciproquement, l'influence du corps sur l'âme. Tel est le princice qu'il ne perd pas un moment de vue dans le développement de ses idées.

D'après cela, il est facile de comprendre qu'il se soit tout particulièrement appliqué à faire ressortir l'intervention de l'esprit dans les sensations.

De là, le titre du chapitre qu'il consacre au toucher. Il l'intitule : *Du sens du toucher au point de vue de l'intelligence ;* et il insiste principalement sur ce que « dans la perception de la forme, le toucher seul est impuissant (1). Il faut pour cela un

(1) Il appartient à Gratiolet d'avoir distingué que toute l'épaisseur de la peau est sensible, et que, si elle est impressionnable à la superficie, elle ne l'est pas moins à

nouvel élément, c'est-à-dire un mouvement voulu. L'esprit sait qu'il a mû le corps. Il garde la trace de ces mouvements ; or, la trace de tout mouvement, c'est une figure ou une forme, εἶδος. » (P. 412.)

« Nous ne connaissons pas la forme des corps par le contact seul, mais par l'intelligence. Nous ne sentons pas la forme par le toucher, nous la concevons par l'esprit. » (P. 423.)

Il dit à propos de l'odorat (p. 422) :

« N'est-ce pas ici le lieu de remarquer avec M. Chevreul combien l'homme met d'intelligence dans ses sensations. Les sensations seules ne donnent que des synthèses confuses ; c'est l'esprit qui, de leurs éléments, fait des idées claires, en les distinguant, en exerçant sur elles cette faculté d'abstraction et d'analyse dont l'attention est le prototype.

« L'ouïe est un sens admirable dans l'homme, mais par le parti qu'en tire l'esprit. Les animaux entendent aussi bien, même mieux que l'homme ; mais tout cela n'est rien sans l'intelligence : nos idées prouvent plus la force de l'esprit que la valeur intrinsèque de nos sensations prises en elles-mêmes. »

L'ouïe et la vue sont les deux sens qui sont le plus directement en rapport avec l'intelligence. On a discuté la question de savoir auquel des deux on doit assigner le premier rang. Gratiolet donnait la prééminence à la vue, qui lui semblait contribuer davantage à faire naître les idées. « La vue n'indique pas seulement les objets par un signe. Elle les représente à l'esprit par des images ressemblantes. Ainsi, comme expression immédiate du monde, aucun sens ne donne davantage. A l'occasion de la vue, l'âme a des idées de l'espace, de la forme, du mouvement et du temps ; d'ailleurs, la vue est comme l'ouïe ; l'esprit se complaît au milieu des sensations que ces sens élaborent, l'imagination les représentant à son gré. » (P. 434.)

Gratiolet n'avait pas entrepris d'écrire un traité de psychologie ; il ne s'est donc pas occupé d'énumérer et de décrire les diverses facultés que l'on accorde à l'intelligence. Parmi ces facultés, il en est deux seulement auxquelles il a consacré des chapitres particuliers, ce sont la mémoire et l'imagination. Il

---

la face profonde (p. 407). Partant de cette idée, il admettait que, dans le toucher par l'extrémité des doigts, il existe, outre le sentiment de contact éprouvé par la pelote digitale, une sensation *sous-onguéale* résultant de la pression.

nous faut renoncer à résumer ces pages éloquentes, où les détails s'enchaînent dans un tout admirable, et nous borner à quelques citations :

Il y a une mémoire pour le cerveau et une mémoire pour l'automate. Tous les organes ont une mémoire propre, « c'est-à-dire une tendance acquise à reproduire les séries d'actes qu'ils ont une première fois exécutées.

« C'est le prodige de l'éducation de dresser ainsi le corps à un si grand nombre d'habitudes, au souvenir automatique d'un si grand nombre de séries, que l'âme, en régnant sur des groupes, puisse régler plus aisément le détail infini des mouvements du corps. » (P. 464.)

Or cette mémoire du corps ne peut être expliquée que physiquement. Gratiolet a cherché cette explication dans un état particulier des cellules nerveuses. Il supposait que ces cellules après avoir été dérangées une première fois de leur équilibre, n'y reviendraient pas complétement, et il résulterait de là une manière d'instabilité qui leur permettrait de donner naissance à des sensations en quelque sorte spontanées, qui seraient la reproduction de la sensation primitive. (P. 469 et suiv.)

La mémoire est la première condition de l'imagination. « En tant que l'esprit libre s'exerce sur les faits réservés par la mémoire, en tant qu'il les mêle et les combine, il s'appelle *imagination*. » (P. 473.)

Ainsi donc, *imaginer*, c'est reproduire par un travail de l'esprit, et rendre de nouveau présentes à la pensée des sensations que l'on a déjà éprouvées, mais c'est en même temps les combiner et les rassembler, de manière à faire naître des idées nouvelles.

« D'ailleurs, dit Gratiolet, la sensation et l'imagination se correspondent, et il n'y a jamais eu rien d'essentiel dans l'imagination qui n'ait été dans la sensation. Un aveugle-né n'imagine point des couleurs; un sourd de naissance n'a aucune idée des sons; c'est en cela seulement que consiste le fameux adage : *Nihil est in intellectu quod non prius in sensu*. Mais de cette correspondance entre l'imagination et la sensation, on conclurait à tort à l'identité de ces deux facultés. Ce qui le prouve surtout, c'est que l'exercice de l'une diminue l'activité de l'autre. Les sensations exigent l'intervention des impressions du dehors; l'imagination, au contraire, s'éveille et grandit dans le silence de ces impressions, dans le sommeil général surtout, et, pendant la veille, dans la sphère des sens que l'on réduit au repos. »

« Il y a donc dans l'homme (p. 475), à partir du moment où il pense, deux sources d'impressions distinctes également fécondes, à cette différence près, que du monde naissent des impressions fortes, ardemment colorées, intéressant immédiatement, et par une consécution nécessaire, l'automate vivant, tandis que de l'imagination naissent des images plus pâles, moins colorées, des impressions plus faibles, et ne sollicitant qu'à demi l'automate. »

Ces citations suffisent pour mettre en évidence la pensée de l'auteur. Nous nous contenterons de signaler, sans entrer dans plus de détails, les développements qu'il a consacrés à l'imagination considérée dans l'état de veille, dans le sommeil, dans l'hallucination et dans l'extase.

Néanmoins, il nous est impossible d'omettre certaines considérations relatives à l'influence de l'imagination sur les mouvements du corps de l'être qui imagine, et à l'influence des mouvements extérieurs, et des attitudes du corps sur l'imagination.

Quant à la première de ces deux questions, nous y reviendrons plus loin. Gratiolet voyait dans l'influence de l'imagination sur le corps l'origine de certains mouvements qu'il appelait *symboliques*.

La seconde question doit en ce moment attirer particulièrement notre attention.

« Il est hors de doute, dit Gratiolet (p. 627), que le corps est intéressé directement ou sympathiquement à tous les mouvements de l'imagination. Le moindre désir, la moindre intention, la moindre idée émeut le corps, et lui fait ébaucher des mouvements corrélatifs. A cet égard, tous les philosophes, tous les physiologistes sont d'accord. Mais on n'a point eu l'idée de rechercher s'il n'y aurait pas une certaine influence des mouvements que le corps exécute sur les tendances de l'âme et de l'imagination. Ce n'est point là un simple jeu d'esprit, et cette question mériterait d'être examinée avec soin.

« Je rendrai ma pensée plus claire par un exemple : le mépris détermine un certain mouvement caractéristique de la bouche, des yeux et du nez. Je demande s'il est possible d'exécuter simplement ce mouvement extérieur, sans avoir, par cela même, une certaine tendance au mépris.

« *Il n'y a pas une seule pensée qui ne se traduise par un mouvement, par un geste, par une attitude involontaire.* — Réciproquement *une attitude imitée sans idée préconçue, comme le font souvent les petits enfants, un geste sans intention, éveillent dans l'esprit certaines tendances corrélatives.*

« On sent, en raison de cette règle, combien les habitudes extérieures du corps peuvent avoir d'influence sur les dispositions de l'âme. Il y aurait à écrire sur ce sujet un livre didactique utile. On y chercherait la *loi naturelle des bonnes manières*, en choisissant pour types les attitudes et les expressions naturelles qui rendent spontanément les belles pensées. Dès lors le vrai, dans le ton du monde, serait substitué à des conventions arbitraires, et l'on ne verrait plus des marques de noblesse dans cet art si recherché d'assaisonner l'esprit d'imperceptibles impertinences. Ce ne serait point là sans doute un système d'éducation pour l'esprit, mais du moins y verrait-on un moyen naturel de perfectionner ce merveilleux automate, institué pour servir l'esprit. Les vrais maîtres sont attentifs à ne jamais exercer leurs élèves sur des instruments mal accordés, de peur d'altérer chez eux la justesse de l'oreille ; or nous proposons aux philosophes d'*accorder* le corps, pour que l'âme n'ait, dès le début de la vie, que des instincts harmonieux, et c'est là, à coup sûr, un chapitre oublié dans les beaux travaux de Schiller sur l'éducation esthétique. »

J'ai reproduit à dessein tout ce passage où nous voyons Gratiolet, à l'exemple des philosophes anciens, appliquer à l'éducation des hommes les données fournies par l'observation scientifique.

Il nous resterait à parler de l'opinion de notre collègue sur l'intelligence des animaux, comparée à celle de l'homme. Elle est exprimée dans le chapitre x intitulé *Des instincts et de l'intelligence* (p. 632), dont j'extrais plusieurs passages :

« Quand nous accomplissons volontairement, c'est-à-dire avec conscience de notre volonté, certains actes que notre intelligence n'a point calculés et préparés, ces actes ne sont point attribués à l'intelligence, mais à l'instinct.

« L'instinct résulte donc d'une tendance à certains actes dont le principe est dans les organes du corps. L'âme subit cette tendance et l'éprouve. » (P. 633.)

« Malgré sa grande intelligence, l'homme n'est pas absolument sans instincts. Réciproquement, bien que l'instinct domine chez les animaux, il y aurait de l'injustice à croire qu'ils sont absolument sans intelligence. Dans tous leurs actes, il faut donc faire la part de l'un et de l'autre. »

Il prend l'araignée pour exemple, et conclut ainsi (p. 635) :
« Ce filet tissé partout de la même manière n'est pas toujours attaché de même ; là était l'instinct, c'est ici l'intelligence. Il n'y a point là de longs raisonnements, sans doute, point de discussions savantes, point de syllogismes compliqués. Mais il y a là, pour parler comme Leibnitz, de véritables *consécutions*, en d'autres termes, des jugements simples. Or un jugement simple est l'unité d'un nombre qui s'appelle *raison*.

« Voici donc dans l'histoire comparée de l'intelligence trois éléments distincts : 1° l'instinct, où l'intelligence est esclave et passive ; en second lieu, le jugement, c'est-à-dire l'aperception immédiate d'un rapport naturel ou d'un fait ; en troisième lieu, le raisonnement, qui est une chaîne de jugements coordonnés sous l'empire d'une faculté supérieure, je veux dire la faculté d'abstraction.

« Ainsi, nous refuserons la raison aux animaux, mais nous ne leur refuserons ni le jugement ni l'intelligence (p. 636).

« L'homme n'échappe pas absolument à ces influences modificatrices de l'instinct, et les subit d'autant plus profondément qu'il est moins intelligent et plus voisin de l'animalité ; mais il a sur l'animal un avantage incalculable, par la faculté qu'il possède seul d'accommoder son instinct à des circonstances idéales qu'il oppose à celles que lui présente le concours fatal des choses extérieures. Ainsi, par ses instincts, l'animal subit surtout l'influence du monde ; mais l'homme est surtout conduit par son intelligence. Aussi, le propre de l'intelligence étant la liberté, les produits de l'activité et de l'industrie humaine varient-ils presque à l'infini, sous l'empire d'instincts pour ainsi dire individuels, tandis que le propre des actions et des industries des animaux d'une même espèce, au milieu des mêmes circonstances, est la monotonie, si bien qu'on pourrait, à certains égards, affirmer que, sous le rapport des instincts, chaque individu humain, comparé aux animaux, est une espèce à lui tout seul.

« L'âme est libre dans l'intelligence, elle est esclave dans l'ordre de l'instinct. » (P. 639.)

« Il paraît difficile de nier que les animaux soient sensibles; dès lors ils ont une âme, et toute âme est, par elle-même, indestructible; mais s'ensuit-il qu'ils aient quelque idée du juste et de l'injuste. Je n'oserais l'affirmer, peut-être en ont-ils le sentiment à un certain degré. » (P. 641.)

« Mais, s'ils sont bons et aimants, il ne s'ensuit pas qu'ils aient des idées abstraites de la bonté et de l'amour. » (P. 643.)

« La science des bêtes a un caractère local... N'est-ce pas quelque chose d'incompréhensible qu'une science qui ne domine qu'un seul fait? Rien ne prouve mieux qu'il n'y a chez les animaux aucune idée générale des choses, mais seulement des idées exclusives et concrètes, à tel point que ce qui n'est pas signalé par l'instinct, échappe le plus souvent à l'intelligence. »

D'ailleurs, les animaux ont un langage, et ce langage, que l'homme possède aussi, leur est commun avec lui. Ce langage est celui de la physionomie; il se produit par les mouvements d'expression, parmi lesquels il faut compter les cris « qui pourraient être justement appelés des *gestes de la voix*. »

« L'homme a en outre son langage propre, qui se compose du langage de désignation, du langage d'imitation, et du langage métaphorique. » (P. 654.)

Les animaux savent encore, dans un certain degré, désigner les objets qu'ils désirent; mais les deux autres formes appartiennent exclusivement à l'homme.

Si loin que puisse aller chez les animaux la faculté d'imitation, nulle part elle ne sert chez eux au développement du langage. « L'homme seul a ce privilège. Comme les bêtes, il exprime les sentiments qu'il éprouve; il sait, comme elles, en indiquer l'objet, mais il sait de plus l'imiter et le peindre. » (P. 675.)

« Il est donc absolument faux de dire avec Porphyre que l'homme ne diffère avec les bêtes que du plus ou moins. L'animal a sans doute des idées, on n'en saurait douter, puisqu'il rêve. Mais son langage exprime seulement les sentiments qu'éveillent ces idées; en un mot, il n'est que sensible. L'homme est sensible aussi, mais de plus il est peintre. Il ne lui suffira pas, en général, d'exprimer son désir; il en désignera l'objet absent, il le peindra par son geste, par certaines modifications de sa voix. L'animal n'a jamais que l'idée de ses sentiments actuels, l'homme seul peut avoir l'idée d'une idée. »

L'homme seul sait désigner un objet par son caractère dominant. C'est ainsi qu'un petit enfant désigne immédiatement un chien ou un mouton par des jappements ou des bêlements.

« Ainsi l'homme ne se distingue pas des animaux en tant qu'il a des sensations, des sentiments et des volontés qu'il exprime, mais surtout en tant qu'il sait exprimer et représenter les idées qu'il a des choses. Il participe à cet égard de la puissance créatrice de Dieu. Dieu seul, il est vrai, crée des substances, mais il a communiqué à l'homme seul le pouvoir de créer des formes et de les définir. »

En outre il y a des idées qu'on ne peut peindre, et qui sont au-dessus des sens. Les idées échappent aux animaux.

L'homme les explique de deux manières, par des symboles et par des signes algébriques. Cette seconde manière surtout marque la supériorité de son intelligence. « Par une convention arbitraire, une idée quelconque est exprimée par un signe quelconque » (p. 675).

« C'est ici le triomphe de l'esprit pur ; rien n'y est subordonné à l'organisation, l'intelligence donne aux choses les noms qu'elle a voulus. Elle désigne à l'esprit des sons par l'œil, et des couleurs par l'oreille. Elle exprime l'espace et le temps, la passion et l'action. Elle a un nom pour l'être, que dis-je, pour l'absence de l'être, et, par cette merveilleuse puissance du langage algébrique, règne dans le temps comme Dieu dans l'éternité.

« A quelle faculté merveilleuse l'homme doit-il tant de gloire ! A la faculté d'abstraction, là est le secret de sa puissance. »

Et il termine par ces mots :

« Je crois en avoir assez dit pour démontrer que les facultés de l'âme humaine ne s'expliquent pas par la force du corps seulement. »

Une des pensées dominantes que Gratiolet poursuivait dans ses travaux, c'était de définir l'homme par rapport aux animaux, de dire en quoi il leur ressemble, en quoi il en diffère.

Jamais il n'a songé à séparer l'homme du règne animal, et à le mettre dans un règne à part. Mais l'étude lui disait que si l'homme ne peut pas être séparé du règne animal, il y occupe cependant une place tout à fait distincte.

La connaissance intime de l'anatomie du cerveau l'amenait à cette conviction, que le genre humain constitue dans le règne animal un groupe séparé, incapable de tout mélange avec les autres. L'étude de l'appareil locomoteur le conduisit aux mêmes conclusions.

C'est ce qu'il s'est efforcé de démontrer dans les *Recherches sur l'anatomie du Troglodytes Aubryi*, où il mit en évidence un grand nombre de faits qui venaient à l'appui de la thèse qu'il soutenait. Parmi ces faits, ceux qu'il tirait de l'étude de la main doivent être placés au premier rang.

Dans cet ouvrage, Gratiolet a particulièrement insisté sur la description des muscles, et il n'est pas inutile de parler ici de la méthode qu'il avait adoptée pour la description de ce système. La conception est tellement simple, qu'elle peut être exprimée en peu de mots.

Cette conception consiste à considérer l'ensemble du système musculaire comme composé d'une couche longitudinale et d'une couche circulaire. La couche circulaire enveloppe la couche longitudinale, qui est, par conséquent, la plus profonde. A celle-ci appartiennent les muscles de la colonne vertébrale, tandis que les membres sont placés dans l'épaisseur de la couche circulaire. A l'aide de cette conception générale, tous les détails si variés de la description des muscles viennent se classer dans un ordre naturel et facilement intelligible.

Gratiolet avait adopté cette méthode dans son enseignement, et il l'exposa pour la première fois en 1846, dans le cours qu'il fit au Muséum d'histoire naturelle sur l'appareil locomoteur des animaux. C'est alors qu'il conçut l'idée qu'il développa plus tard dans le *Traité de la physionomie et des mouvements d'expression*.

Quelle est la loi qui préside à ces mouvements? Il trouva que c'était une loi d'harmonie, que tous les organes s'accordent en quelque sorte relativement à la sensation dominante. Si un objet nous est agréable, l'œil s'ouvre complaisamment pour le considérer, les narines se dilatent pour le flairer, les lèvres s'avancent pour le goûter, la tête s'incline et se penche légèrement comme pour l'écouter, les mains cherchent à le saisir, et, s'il est à quelque distance, nous marchons en avant pour nous en rapprocher.

Supposons qu'au lieu d'un objet réel, ce soit un objet imaginaire, le même jeu va se produire dans toutes les parties du corps ; l'aspect du visage, l'attitude et les gestes vont traduire au dehors ce travail intime de l'âme.

Telle est la conception simple et vraie que Gratiolet aperçut par un trait de génie. Mais un simple énoncé ne suffisait pas ; il fallait développer ce sujet dans tous ses détails. Ce fut pour lui l'occasion d'un travail immense. Relire avec un soin scrupuleux, la plume à la main, les livres des philosophes anciens et modernes, afin de comparer leurs opinions sur l'âme, sur les facultés de l'intelligence, sur les passions, enfin sur les modifications de la forme extérieure du corps, recueillir la plupart des ouvrages écrits sur la physionomie et la physiognomonie, et en former une bibliothèque des plus complètes, telle fut nécessairement l'œuvre de plusieurs années. Après un tel travail, il devient facile de comprendre comment toutes les données de la métaphysique étaient à chaque instant présentes à l'esprit de Gratiolet. La composition du *Traité de la physionomie* nous donne ainsi un des secrets de sa force. Cet ouvrage était terminé lorsqu'il écrivit l'*Anatomie comparée du système nerveux*. Les matériaux amassés furent de nouveau mis en œuvre pour écrire, dans ce second livre, la partie relative à l'intelligence ; et le *Traité de la physionomie* y fut résumé en parlant soit de l'imagination, soit du langage. Mais les choses y sont dites d'une autre manière. Dans le *Traité de la physionomie*, c'est une analyse où les faits sont habilement amenés par d'ingénieuses déductions. Dans l'*Anatomie comparée du système nerveux*, c'est une forte synthèse où l'auteur expose avec autorité les idées qu'il regarde comme acquises désormais à la science.

Ce caractère synthétique et doctrinal est encore plus marqué dans cette conférence de la Sorbonne sur la physionomie, dont tout le monde se souvient, non-seulement comme d'une leçon admirable, mais comme d'un triomphe du peintre et de l'orateur, dans laquelle Gratiolet traita pour la dernière fois ce sujet qu'il avait si longtemps caressé avec amour, et vers lequel un attrait particulier le ramenait sans cesse.

Permettez-moi, messieurs, de ne pas m'abandonner au plaisir de répéter ici des pages entières de ce *Traité de la physionomie*, qui n'offre pas moins de charme au littérateur qu'au philosophe, et de me borner à indiquer la classification établie par Gratiolet entre les divers mouvements d'où résulte l'expression.

Il distinguait trois catégories de mouvements, savoir :

1° Des mouvements organiques qui se passent dans les trames vasculaires ;

2° Des mouvements actifs ou musculaires ;

3° Des mouvements passifs aboutissant à des attitudes passives.

D'autre part, il subdivisait les mouvements actifs en quatre groupes, savoir :

1° Des mouvements directs ou prosboliques, qui se rattachent toujours à un but direct extérieur, immédiatement appréciable ;

2° Des mouvements sympathiques, éveillés indirectement dans un organe par un mouvement direct, exécuté dans un autre point du corps ;

3° Des mouvements symboliques qui se produisent à l'occasion du travail de l'imagination, et qui peuvent, à notre insu, révéler nos pensées les plus intimes ;

4° Des mouvements métaphoriques, employés dans tous les cas où la pensée, occupée de relations immatérielles, ne peut trouver dans le geste et dans l'action corporelle une expression adéquate.

Parmi les nombreux exemples qu'il donne de ces mouvements, je me bornerai à rappeler celui-ci :

« Un homme parle devant vous, il sollicite votre attention personnelle ; s'il réussit à la captiver, vos yeux, franchement ouverts, demeurent fixés sur lui ; s'il n'y réussit point, la politesse tiendra à la vérité vos yeux ouverts, mais ce ne sera pas sans quelque effort, votre pensée étant ailleurs, et l'attention de votre regard se fixera non sur votre interlocuteur, mais sur quelque point de l'espace situé soit en deçà, soit au delà de lui ; le plus souvent les yeux convergent légèrement. Si alors il porte les yeux vers vous, il sentira que vous ne le regardez point, que votre regard est distrait, et il en conclura, s'il a quelque esprit, que vous ne l'écoutez point.

« Une proposition philosophique qui agrée est acceptée, une

proposition fausse est rejetée par les yeux qui se ferment ou se détournent, par le nez et les lèvres, qui semblent rejeter des odeurs ou des saveurs mauvaises ; par les épaules, qui semblent rejeter un joug importun ; par les bras, qui repoussent ; par le corps tout entier qui se rejette en arrière, se détourne ou s'éloigne comme il s'éloignerait d'un spectacle indigne d'être vu. On écoute de plus près un homme dont la conversation vous intéresse, on se rapproche de lui, et, s'il fait une simple lecture, on en vient à placer sa tête à côté de la sienne pour lire en même temps que lui. »

Le lecteur, en parcourant le *Traité de la physionomie*, pourrait s'étonner du petit nombre de citations qu'il renferme ; en y trouvant un si faible étalage d'érudition, il pourrait croire que ce n'est pas l'œuvre d'un savant. C'est que Gratiolet s'appliquait avant tout à expliquer sa pensée et à la faire saisir. C'était là sa préoccupation. Quant au travail préparatoire, il le laissait volontiers dans l'ombre. A l'exemple des grands artistes, c'était son œuvre qu'il offrait au monde, c'était sur elle qu'il voulait éveiller l'attention, et non sur les pénibles efforts qu'elle lui avait coûté.

La composition du *Traité de la physionomie* marque une phase importante dans le développement du génie de Gratiolet. Ailleurs, il s'est occupé de la conformation des organes intérieurs et de leur disposition en grands systèmes ; ailleurs, de ce qui fait l'animal indépendamment des organes, c'est-à-dire de l'âme et de l'intelligence ; ici son attention se porte sur la forme extérieure, et, cette forme, il la voit vivante, animée, expressive ; il écoute son langage ; elle lui découvre dans un ensemble merveilleux la nature des êtres sensibles, et lui représente dans ses variations innombrables le tableau du règne animal.

Voilà donc l'anatomiste, le philosophe devenu réellement zoologiste, non point par des efforts de mémoire, mais par la connaissance approfondie des bases mêmes de la science.

C'est ainsi que peu à peu, graduellement, par des voies que l'on pourrait dire détournées, parce qu'elles s'écartaient des sentiers battus, mais qui, en réalité, doivent être appelées directes, si l'on songe à l'enchaînement des idées, à la marche logique de l'esprit, aux données fécondes, ouvrant des horizons nouveaux, c'est ainsi, dis-je, qu'en traitant des questions difficiles et inexplorées, s'était formé un grand naturaliste. L'histoire naturelle des animaux, tel était le but envisagé dès l'origine, désiré toujours, auquel parvenait enfin Gratiolet ; un grand ouvrage d'histoire naturelle, voilà quel devait être le couronnement de sa carrière de philosophe et de savant. Mais, pour cela, que d'efforts !

Un jour, Blainville s'entretenait avec Gratiolet. Je travaillais auprès d'eux. « Pour approfondir ces choses, disait Gratiolet, il faudrait vingt ans d'études persévérantes. » Les vingt années avaient passé ; l'homme était prêt ; l'œuvre allait s'accomplir ; mais le corps s'est brisé tout à coup ; de celui que nous avons tant aimé, tant admiré, il ne nous reste plus qu'un souvenir, et nous trouvons à peine quelque consolation en songeant aux destinées de son âme immortelle.

Printed by Libri Plureos GmbH in Hamburg, Germany